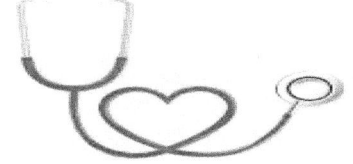

Del Dr. Amor

Sergio D. Sánchez

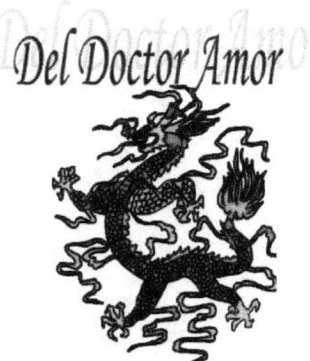

Del Doctor Amor

Por Sergio D. Sánchez

Del Dr. Amor @2014
Autor: Sergio Sánchez
Todos los derechos reservados
Prologo: Luis Da Silva
Edición y Diagramación: Glendalis Lugo
Glendalis.lugo@hotmail.com
Portada: Natalie Ann Martínez
whitewolf-3@hotmail.com
ISBN 978-1492934165
ISBN-10:149293416X

A modo de prólogo

"Sobre el Dr. Amor y otros abordajes"

Con la encarnadura más despiadada de la desnudez, o quizá
mejor, con la decidida aventura de los que intentan, Sergio
Sánchez, nos invita a un viaje venturoso por la hondura
marginal y cósmica de los sueños. Su obsesiva itinerancia
nos conmueve. Hace puesto en cada supuesto y en cada una
de las muecas del alma, siempre, con el asombro de quien
las ha vivido y con la encalladura inevitable de tan audaz
travesía, se pone al frente del seguro naufragio, salvando a
pura intuición y esencia, la incuestionable y legítima
urgencia de su pluma.

"Del Dr. Amor", se transforma a poco de andar, en un
cómplice inesperado, en un solucionador impío e
insobornable. Algunas veces el rigor expresivo y fantástico
de los oníricos, otras, con la dulzura minuciosa de los
sensibles poetas orilleros, o con el vigor descomunal, de
quien ha recibido andar de socio con la vida, sumándose a
la fiesta enorme, de lo simple y cotidiano.

Sergio Sánchez aporta un idioma singular, una herramienta
que le es propia, atrevida y con la dualidad más insólita, la
somete a pasajes de despiadada humildad, para emerger en
otros, con la más huracanada de las soberbias. Provoca,
insiste, regresa y con la misma obsesión vuelve a partir,
¡Siempre!, con la tozuda argumental de los que levan todas
las anclas del alma.

1

"Del Dr. Amor", no es un trabajo menor, es un legítimo hallazgo, es una alforja cuidadosamente alojada, es una sutil encrucijada en la impronta inagotable de los sueños. Su abordaje, exige cuanto menos, compromiso de lectura y elaboración. Cada una de sus acometidas es una construcción pura y vigorosa que anima y convence.

Lo he disfrutado, algunos pasajes me han conmovido. "Del Dr. Amor" es un trabajo técnicamente a salvo. Sin ningún temor a equivocarme, sugiero su lectura.

Es primavera del 2007.

Luis Da Silva

Dedicado a todas las personas,

que creen, que aún, es posible ser feliz.

Sé que mis amores vivirán más que yo. Las historias seguirán contando que existo. Tus ojos recordaran las noches tibias de buen vino y de brazos que abrazaban esperanzas. Nunca dejaré de darles vueltas en los gritos y en las quejas de los que sufren. No importa que tanto haya pasado, estaré junto a ustedes en las sonrisas y las puteadas en las cabronadas que queden por decir y las que se olvidaron.

Germán Hess 2012

1. ¿Pensamos en el amor?

¿Quién dijo que los pensamientos, acerca del amor, solo perduran en uno mismo, sin que tengan la suficiente trascendencia como para que prosperen en nuestros actos?

El amor, cuando uno lo piensa, llega a perdurar tanto tiempo en nuestro pensamiento, que culmina por hacerse carne en el interior de uno mismo, para luego transformarse en vivencias palpables a los ojos de todos, para convertirse en un fiasco; de esta manera, las vivencias, cobran la suficiente fuerza como para perdurar en los propios sentimientos y se convierten en reales.

Esto hace que la gente llegue a vivir con culpa por lo que siente, o piensa, pero esto no siempre es suficiente. Si lo referimos todo al amor, es decir, que pase por la idea del amor que se llegará a sentir nos encontramos con que, en estas circunstancias, no sabemos qué es lo que podemos hacer con el sentimiento tan pensado, ya que el amor debe ser algo, que, en primera instancia, se sienta y no que se piense, el amor pensado puede mal interpretarse con el correr del tiempo.

La espontaneidad del amor, es lo que lo hace puro, rico y aprovechable, del cual se puede sacar toda clase de ventajas, y cuando hablo de ventajas, me refiero a las que causan las sensaciones de bienestar sentimental, las que nos hacen felices.

Por otra parte, cuando uno piensa demasiado en un amor, considero por experiencia propia, este puede llegar a perder la magnitud con la cual fue concebido, a pesar de que uno sueña con un ideal, este suele jugar malas pasadas y las oportunidades suelen perderse en el tiempo que, obviamente, tenemos para cuajar una posible relación, y esto, lo hace caduco al momento que uno no actúa por pensar si es conveniente o no, es por esto que cuando uno prevé un sentimiento, un amor, simplemente debe actuar, ya tendremos tiempo de pensar luego, en cómo hacerlo realidad, en caso de una negativa o contenerlo y cultivarlo en caso de tener éxito.

II.- Amores duros

Solo hablaremos de amor, pero la etimología de algunas palabras pueden cambiar el rumbo, de o que, se intenta decir.

Por eso para hablar del tema nadie más apropiado que el mismo corazón, el sitio del cuerpo donde se percibe esta sensación, cuando el amor, es una sensación.

Hay amores duros, o mejor dicho, hay amores inmóviles, pesados. Suele sonar extraño a los oídos, cuando de amor se trata, pero este amor se demuestra y refleja con dolor, y aún más en la plenitud.

Quizá no estemos de acuerdo con ello, pero en todo corazón existe un rincón, donde, el amor tosco y mal humorado se hace presente. Por eso, cuando esta clase de amor aflora es el momento adecuado para hacer un alto, esperar y reflexionar, a cerca de lo que queremos para nuestro corazón, si lo que, nos está ocurriendo, es positivo para nuestros sentimientos.
Es allí donde nuestro amor necesita de algo de espiritualidad y "mucha razón", de parte de quien lo afronta.

Muchas veces se lo suele confundir con el amor frontal y directo, sin saber, que esto daña los más finos tejidos del amor, y aunque, el amor sincero, es necesario para llevar una relación adelante, hay que aprender a reconocer, que es lo que nuestro corazón intenta decirnos frente al desgano, a la monotonía o al costumbrismo.

Debemos aprender a diferenciar lo importante, entre, la sinceridad y el amor duro, frente al sentimiento que pretendemos profesar, para poder desterrar la duda que se nos presenta ante lo que sentimos por alguien, y desterrar lo nocivo del amor duro.

Por ejemplo: Un amor duro es molesto, nos hace sentir que la otra persona está de más, nos quiere decir, permanentemente, que debemos estar a solas, y nos da el coraje de manifestarlo, pero no desde el punto de vista amoroso en una relación donde uno necesita estar a solas durante un no precisado tiempo para estar con nosotros mismos, sino que lisa y llanamente, hace que broten nuestras palabras sin importar si herimos o no, a nuestra pareja, si es conveniente que, aún soportando la carga de lo que nos está pasando, no hará desencadenar, a la otra persona, en algo que más adelante pueda afectarla definitivamente, y allí reside la verdadera razón por la cual el amor duro es nocivo, es decir, la consecuencia de este tipo de amor es nada más y nada menos que la soledad, esa soledad que cuando uno la des- cubre, no nos da el tiempo necesario para reparar los daños que causaron la falta de razón de parte de uno mismo.

Es decir, reconozcamos, cuando es necesario hacer un replanteo ante lo que sentimos, para no caer en los estragos del amor duro, de esta manera, razonaremos y notaremos que el amor que sentimos es verdadero y con intenciones de ser perdurable en nuestro corazón.

III. - El fantasma del fracaso.

El fantasma del fracaso, puede llegar a ser, una de las espinas de las cuales uno no desea ni hablar, y para esto se oculta tras paredes insobornables y de esa manera evita enfrentarlo.

Es tan triste tener que agachar la cabeza ante él, pues uno se deja ver tal cual es, se siente vulnerable y débil, hasta que aflora otro tipo de amor, el amor que a uno lo puede sacar a flote y se denomina "Amor propio"

Sabemos positivamente que es muy difícil aceptar un fracaso, pero aún más embarazoso es reconocer el fracaso y decirlo, la palabra "Fracasé" suele no encontrarse en nuestro vocabulario, y si se la puede ha- llar, es solo para los íntimos, esas personas que sabemos, pueden entendernos.

Tras esta palabra se encuentra la antinomia de no poder especular con los resabios del amor fracasado, que generalmente son los detalles más simples, y que, por alguna razón, se nos pasaron por alto, hablemos de, celos infundados, errores de percepción, acciones arrebatadas, etc. Es por este motivo que uno debería enfrentar con valentía el fracaso amoroso, ya que jamás te quedan las manos vacías.

Digo esto por las experiencias vividas, son estas, las que nos harán fuertes al final del camino recorrido, y al final de este, deberíamos preguntarnos, a manera de fortaleza, si muy en nuestro interior, no somos mejores amantes.

Si la tradicional frase "Las experiencias forjan espíritus" es real, no tardaríamos demasiado en salir a flote, a eso sumémosle el tan grato "Amor propio", y nos veremos frente a un espíritu renovado y ante un corazón dispuesto a ver más allá de sus propias narices para afrontar un nuevo y hermoso amor.

Pero bueno uno debe ser lo suficientemente suspicaz como para no volver a cometer los mismos errores que nos llevaron a tal estado de ausentismo propio y ser "mejores amantes" en la próxima oportunidad que tengamos al alcance de nuestras manos... o corazón.

IV. - El Amor Aconsejado.

En el amor, el hombre, necesita ser aconsejado, ya sea, espiritual o anímicamente, ya que es muy difícil darse cuenta cuando está haciendo el papel de tonto, o desayunarse de las tonterías que puede llegar a estar haciendo dentro de una pareja.

Puede uno estar cegado por el amor que tiene a prueba o bien puede rayar de Narcisista, creyendo que todo está saliendo a pedir de boca .¿Por qué? a veces uno cree estar haciendo las cosas bien y no tiene en cuenta la opinión, o lo que es peor, los deseos de nuestra media naranja.

Hay que tomar conciencia de que el amor se construye de a dos, y está destinado a los dos involucrados solamente, el hecho de hablar o callar a tiempo es de sabios, cuando uno se percata de cómo, cuando y donde hacerlo; está de más decir que hablo desde un punto de vista personal, pero las experiencias han forjado en mi persona, alguna vez, el inteligente código, de esto último, y muchas veces las experiencias de los demás tomadas a tiempo suelen ser edificantes, por eso cuando me hago la pregunta de, ¿Quién está capacita do para enfrentar la vida en soledad? a falta de buenos consejos, me surge otra pregunta que irremediablemente está ligada directamente:
  ¿Quién es tan humilde como para reconocer que se está equivocando?

Si consideramos que la vida, en si misma, tiene un todo para vivirlo, me refiero con respecto a nosotros,
  ¿No es una de las cosas que deberíamos experimentar permanentemente, para vivirla a pleno?

De esta manera, nadie puede cargar con la tontera de pensar

que uno sabe de la vida lo suficiente y que tiene en claro, mucho más de lo que ha vivido, como para aceptar un consejo, ya que hay muchas personas, que, aunque vivieron lo suficiente, no se dieron el tiempo para aprender de sus vivencias, y mucho menos, cuando esto se dio en soledad y no se aprovechó el tiempo para experimentar con los errores, que muy factiblemente, lo hayan llevado a vivir en este estado.

El hecho, es que, en estas circunstancias, uno debería reflexionar, el cuándo del cuando, el por qué del por qué y el principio y el final de cada evento importante, o de relevancia, en la propia vida, y a quien o con quien, está compartiendo esta "Aventura desconocida" de creerse sabio, o replantearse "Alumno" en esta carrera sin títulos, que se llama "Vida en el amor".

V.- El amor viejo frente al nuevo

Cuando descubrimos que el amor pasado aún está latente y se enfrenta a uno que está naciendo y que puja por madurar, solemos tener olvidos momentáneos, como pérdidas fugaces de memoria y que hacen que justifiquemos acciones que, normalmente, nos hubieran parecido tontas o fuera de lugar, y tenemos la sensación de que, esto, nos habilita para hacernos los osos, frente a responsabilidades que están ligadas a nosotros mismos, es decir, para con nosotros mismos.

Hablo de recapacitar sobre, que fue lo que nos quedó en el tintero de la personalidad frente a lo que vivimos, entonces arriba a nuestra conciencia, si aún no nos han quedado en claro algunas situaciones, o, mejor dicho, si no hemos terminado de resolver problemas, que han lle- vado al final la anterior historia, o quizá razonar si no nos ha quedado algo pendiente en nuestra anterior relación y que aún no ha finalizado, y que además no nos deja seguir, en un cien por ciento, adelante.

La lucha del pasado con el presente, es, en el interior de uno mismo, como termitas en una madera, uno puede oír cómo se desgrana, y no saber nunca, quien está teniendo éxito en la lucha, hasta que el abrupto final nos deja perplejos ante algo que no creemos merecer, o frente a un fracaso muy doloroso.

En otras ocasiones, también podemos hacer la vista gorda, frente a las consecuencias, y seguir adelante, sin que nos importe quien lastima a quien, pero esto último, en el amor, es tan egoísta, como dañino para nosotros mismos, ya que la idea de construir un edificio sobre una base de arena, termina por que la estructura se desplome en cualquier momento, incluso estando nosotros dentro, y de esta

manera sí deberemos tener la paciencia para comprender
que, ni se podrá recuperar lo pasado,
ni esperar frutos de lo nuevo.

Por este motivo, antes que nada, hay que resolver lo
pendiente, para que no sea un obstáculo en el futuro. En
materia de amor, es tan importante lo pasado como el
respeto por la persona o el amor que se intenta conquistar.

Los problemas que no se han solucionado en el pasado,
harán que no podamos seguir adelante, a la larga o la corta,
emergerán para señalarnos que, en algún momento,
quedamos atrapados por una hebra en alguna astilla, de
todas formas y aún así, podremos seguir adelante, pero
correremos peligro de llegar desnudos al final del camino, y
eso, nos hará sentir vergüenza de nosotros mismos, de
nuestros actos, y hará que se note nuestra naturaleza
despreocupada, y sinceramente, no creo que a nuestra
futura pareja, le caiga nada bien que hayamos dejado cabos
sueltos, que perjudiquen una relación que, seguramente,
querrá que comience y siga bien, y que por supuesto, llegue
a buen puerto.

Quizá solucionando los problemas, perdamos algún
tiempo al principio, pero no nos detendrá más adelante,
cuando ya no queramos detenernos

VI.- La factibilidad de durar.

¿El dolor, nos hace tan vulnerables como para dejarnos llevar por frases hechas, como por ejemplo "Cuando un amor se va, es porque otro viene en camino"?...

Porque, si esto fuera cierto, nadie formaría una pareja con la idea de que perdure, y el amor se transformaría en algo que pudiera o debiera ser descartable cuando no tuviera más emoción o no le encontráramos ya el gusto a la relación, como si fuera una goma de mascar.

Nadie forma una pareja esperando fracasar, es por eso que hay que agotar las posibilidades que, el amor, deja a nuestro alcance y hacer uso inteligente de ello, para que siempre tenga buen gusto la golosina del amor.

La vida nos ha dotado de un coeficiente intelectual, al cual podemos expandir y corregir, de acuerdo a lo que hemos de vivir mientras el tiempo transcurre en nuestra vida, pero esto no es aplicable al amor propiamente dicho, porque la intelectualidad, nos permite actuar con inteligencia frente a los sentimientos, para que este no pierda el curso normal para el cual fue creado, pero el amor pasional va más allá de todo lo que sea especulativo o cerebral, es por eso, que hay que estimular la conducta o costumbre de formar una familia, pues esta a su vez construye una sociedad comunidad, de la cual venimos a formar, ni más ni menos, que por amor.

Creo que el sentimiento de haber fracasado, sea cual fuere el motivo, nos hace no querer volver a vivir- lo, pues el tiempo perdido solo ensancha la experiencia, pero esta última, no hace que puedas recuperar el tiempo perdido. Si no fuera así hágase la siguiente pregunta, y sea honesto consigo mismo: ¿Alguna vez lo dije? "Como me gustaría tener la mitad de mis años con la experiencia que ahora tengo"

¿Vio?... Es por eso que, según la manera que tengamos de actuar, frente a lo que sentimos o lo que tenemos por vivir, frente a nosotros, es como va a estar aspectada nuestra vida sentimental. Ser conscientes de que, el fracaso no es una opción para vivir mejor, si conocemos nuestros límites.

Aunque, la experiencia, nos entregará parte de ella, para no volver a fallar, a su vez deberemos tener conciencia de que hay cosas solucionables, y, el mirar para otro lado, solo nos estará dando la solución rápida y menos aconsejable para sobrevivir a un sentimiento, así que, escarbemos en nuestro interior, muchas veces, perdemos sentimientos muy fuertes, de los cuales no volvemos a disfrutar pues estamos inmersos en una rabieta que nos cegará para ver el panorama más simple, que tal vez, esté ante nuestra vista, y es allí donde debemos usar nuestra inteligencia para salvaguardar nuestra salud anímica y solucionar todo el problema.

 Seamos cautos a la hora de decidir si quebramos o no una relación importante, y pensemos si uno, realmente, desea el fracas

VII. - La Soledad.

La soledad es al hombre, como el agua a la tierra, lo transforma en barro y lo va deshaciendo; en primera instancia, poco a poco, hasta dejarlo relegado a una masa insustancial, tan moldeable, como variable. Cita la Biblia en uno de sus versículos "No es bueno que el hombre esté solo"-1Génesis 2:18, en términos generales es adaptable al hombre como género humano y no como hombre personal, aquí se está refiriendo tanto a hombres como a mujeres.

Definitivamente el humano fue creado para vivir en comunidades, donde se forjan sentimientos y vivencias palpables de todo tipo, de allí la naturaleza de hacer parejas y luego familias que se irán incrementando según pasen los años.

La soledad no es buena, salvo excepciones, donde esta es por elección, que, tras unas cuantas vivencias, hacen que el ser humano, se relegue a la soledad voluntaria, y generalmente produzca, en estas almas solitarias, algún sentimiento de culpa, logrando que se ensimisme aún más y que rechace todo tipo de contacto con sus semejantes, a excepción de los roces necesarios por cuestiones laborales o de tipo trivial.

El tema más importante a cerca de esto, es que uno debería aprender de sus experiencias, y no, dejarlas pasar. Sabemos que, el ser humano, es el único animal que tropieza más de una vez con la misma piedra, y eso es inevitable, y aunque no lo quieran creer, no sé por qué se da en personas que sufren de soledad aguda.

Entonces, generalmente, cuando el humano tropieza con el obstáculo que desvió su camino, siente pena en su interior, y aunque su conciencia le advierta que "Ahí" está el peligro, su corazón hace caso omiso a la amonestación y es allí donde vuelve sobre pisado, entonces culmina sufriendo por las mismas causas, que hasta hace un tiempo, lo hicieron infeliz.

El humano tarda tanto en aprender la lección, que no advierte, que, habitualmente, a último momento es tarde para arrepentirse, entonces termina por hacerle daño a alguien más.

Por eso, cuando tengamos la oportunidad de quedar solos, tengamos la humildad de reconocer nuestros propios errores y preguntémonos ¿Qué fue lo que esto me dejó?... Quizá, en este mismo instante, debería yo preguntarme ¿Qué queda después de un tiempo, cuando estuvo todo mal... o quizá bien?

Momentos de reflexión, donde la soledad, realmente, es necesaria, y en el único caso donde la justifico, por que mejora la calidad humana, y en este caso hablo de la calidad humana personal, aunque sabemos, que indirectamente, al mejorar nosotros, estaremos pensando en nuestro prójimo.

VIII. - De la Resignación a la Transformación.

En muchas ocasiones, me he preguntado, si la resignación, forma parte, de ese "todo" que el amor posee en si mismo... si esta palabra, que involucra, a veces, años de espera inútil, o tiempos de acostumbramiento, no está fuera del amor y seamos nosotros la que la ubicamos dentro del sentimiento, para relacionarlo con él en forma directa...

Creo que muchas veces nos dejamos caer en el re- cuerdo de lo pasado, o colocamos nuestras expectativas en un futuro que esperamos, porque creemos, positivamente, que aún no lo hemos vivido, pero que va a llegar en cualquier momento, con buenas nuevas para nosotros y con esto, nos dejamos estar; las horas, los días van corriendo y nosotros estancados en esa nebulosa, que no nos ayuda en lo más mínimo, deseando que la historia cambie para nosotros, sin lograr hacer nada, para que el cambio se produzca de alguna manera, entonces, todo esto que nos lleva a estar estancados en un ámbito sentimentaloide, se transforma en costumbrismo, y es allí, cuando todo, nos empieza a dar lo mismo y dejamos de ser en esta existencia para transformar- nos en entes, que solo viven, pero nada más, y les aclaro que respirar no es vivir.

¡Señores! ¡Nosotros somos importantes como personas individuales primero! Dejando de ser nosotros mismos, no logramos hacer feliz a nadie, solo acostumbramos a nuestros adyacentes, a alguien a quien no conocen.

En el caso del amor, netamente, "Adiestramos, a quien tenemos al lado, a alguien más, de quien "No" se enamoró en primera instancia, a alguien totalmente desconocido para ella misma" Allí comienzan los cambios que harán de nuestra vida en pareja, o de nuestra felicidad, un manojo de problemas y miedos, que llevarán nuestra personalidad al tacho de la basura.

¡Mirémonos al espejo!, ¡Preguntémonos como se siente nuestro interior primero! ¡Seamos felices nosotros primero, para poder lograr el mismo efecto en quien amamos!

Yo haré una pregunta y ustedes contesten con sinceridad: Si la persona que ustedes eligieron para compartir su vida, es visiblemente feliz, ustedes, ¿No lo son también?...Bien, ahora piensen, si la persona que está a su lado, no los ve como la persona feliz que conoció hace tiempo porque se fue deformando para lograr un "No sé que" en ella misma, ¿Se sentirá feliz, cuando nos vea preocupados o ausentes, tratando de encontrar la manera de adaptarnos a una realidad que no existe, o intentando tratar de ser alguien que no somos, por temor a no estar haciéndola feliz? ¡Por su- puesto que no estará feliz! Ha dejado de convivir con la persona que la hacía feliz siendo tal cual era, y ahora ve a una persona distinta, preocupada por llenar los espacios, tratando de recordar donde estaba la magia que hacía que las cosas brillaran, tal vez, y es lo peor, a la sombra de quien fue o juró ser hasta el último día de sus vidas.

Señores, la magia aún está ahí, tal vez se acostumbró tanto a los trucos que maravillaban y ya forman parte de lo cotidiano, por eso es que no se ven, seamos nosotros mismos, es la única manera de ser veraces, a veces las cosas caen por su propio peso y no queremos darnos cuenta que todo tiene un principio y un final, depende de nosotros que "siempre", haya un nuevo principio, porque el final de una partida no hace desaparecer los naipes, siempre puede uno, barajar y dar juego, aún con las mismas barajas, y las manos serán siempre distintas.

Comencemos a respetarnos a nosotros mismos, amémonos primero, para aprender a tener la capacidad de poder a amar a alguien más. Luego, no solamente seremos felices, sino que también, tendremos la oportunidad de que alguien más, quiera que hagamos lo mismo por ellos

IX. - Idolatría conyugal.

Una de las cosas, que el amor nos hace perder, es la objetividad frente a los acontecimientos que transcurren a nuestro alrededor. El estado de enamoramiento, es un estado ideal de felicidad permanente, y uno no puede evitarlo.

Cuando uno está enamorado, todo lo puede, todo es más fácil de realizar, todo es posible dentro de lo que nuestra visión permite vislumbrar, ya que parecería estar viviendo en un sitio, donde la magia es parte del espectáculo, o del juego que el amor propone.

Las situaciones se suscitan ante un marco de catarsis amorosa, uno se vuelve más receptivo de las cosas que ocurren en el entorno y a la vez aparentamos estar en una total inconsciencia de lo que pasa al mismo tiempo, entonces, nuestro enamoramiento, avanza sólido y perspicaz, degenerando en una inconsciencia total.

Claro está, que esto, cuando sucede en ambas partes a la vez, no tiene demasiada importancia, ya que no tiene desperdicio y lleva, a la supuesta pareja, a encontrarse en su propio mundo, plagado de fantasías eróticas y románticas, dignas de vivir a pleno, sin ningún tapujo.

De todas formas, cuando le sucede solo a una de las partes, es cuando hay que tener cierto recelo en la manera de actuar, ya que se puede caer en lo que yo llamo "idolatría conyugal", donde uno de los individuos, el que padece este estado, comienza a fluir en torno a la otra persona con, halagos excesivos, idealizándola y colocándola en un pedestal, que luego, será muy difícil de manejar, cuando este estado vaya menguando en fuerza y pasión, entonces, será un desamor marcado, el que experimente la persona que lo recibía, supliendo, una marcada aceptación de los halagos, por un rechazo destructivo. Claro, a uno le gusta que lo sirvan y halaguen de manera exclusiva, pero cuando esto es producto de la "Idolatría conyugal", se transforma en algo parasitario, y la persona que lo recibe cree tener el "Derecho" de absorberlo siempre, por la simple tarea de dejar que su pareja "Lo o la ame", sin que esta se entere, de que el amor no solo funciona de esta manera.

Obviamente, esto no ocurre con frecuencia, pero es uno de los motivos, de por que, parejas que aparentaban estar enteramente felices, de repente y sin previo aviso, son arrastradas por la separación y el fracaso amoroso.

Es por esto, que el amor, definitivamente, fue concebido para ser compartido, pura y exclusivamente; ya sea, hacia una pareja o hacia el prójimo.

Vale la pena, aunque dar amor, no signifique, en todas las ocasiones, que se va a recibir en la misma medida y forma, practicarlo para la grandeza espiritual de uno mismo, teniendo cuidado de no caer en las garras de quienes yo llamo "vampiros amorosos", gente que solo se deja amar, sin que les interese demasiado, la persona por la cual está siendo amada

X. - Vampiros Amorosos.

¿Somos capaces de dejarnos amar sin que nos importe el otro? Es un tema difícil de encarar, porque, quien más quien menos, aún no se ha percatado de cómo somos en este aspecto.

Me llevó mucho tiempo estudiar los corazones de estas personas, pues primero hay que descubrirlos, y luego ir con cuidado, porque, literalmente, absorben amor, son cautos y muchas veces no se dan cuenta de los estragos que causan, pero cuando saben de su situación, no tienen piedad de succionar nuestro amor y espiritualidad; suena salvaje y vil, pero es así.

Generalmente son mansos, siempre están necesitando algo, se los nota abatidos o con muchos problemas, y abrazan, sí, abrazan, hacen sentir que te necesitan para todo, aparentan ser víctimas de todo el mundo, de la vida, de la ciudad, del mundo, se dicen excluidos del sistema, pero no es así, están bien inmersos en lo cotidiano y deambulan sin ningún tapujo cuando nadie repara en ellos.

Otra de las virtudes de estas personas es que, mientras, con nosotros se demuestran abatidos, con otros, actúan de manera opuesta. Con nosotros está cabizbajo, frente a otros, en otra habitación por ejemplo, ríen a carcajadas; nos desorientan, y hacen que estemos pendientes de ellos, son muy hábiles.

¿Cómo zafarse de estos vampiros?

Dándole soluciones sin comprometernos sentimentalmente. Las personas tenemos un rincón en el corazón donde, la ternura, la solidaridad, la compasión y todo lo que nos hace apenar por nuestros semejantes, no nos deja vislumbrar donde debemos aplicarlas, entonces, sin pasar por inadaptados e insensibles, porque, por supuesto, hay quien necesita de nosotros en verdad sin llegar a ser vampiros amorosos, intentemos solucionarles el problema que los aqueja, mostrándole los caminos que "Ellas mismas deberán recorrer", de esta manera estaremos a salvo de que nos arrebaten la energía que, por supuesto, es nuestra y que necesitamos para nosotros mismos, porque una persona sin defensas, es decir, falto de energía, es muy vulnerable.

XI. - Del desgano a la Resaca amorosa.

Quien más quien menos, le ha tocado sentir el desgano de un fracaso, no es algo realmente divertido de sentir o sobrellevar, pero frente a este sentimiento, comienzan a aparecer fantasmas que nos son propios, y que uno no deseaba ver con tanta rapidez o frecuencia en nuestra cabeza, que está luchando por definir un sentimiento, al cual estuvo tanto tiempo ligado.

¿Estaría siendo, uno, egoísta, por tratar de des- embarazarse rápidamente de este pozo depresivo, encarando una nueva relación?

A nivel personal, creo que, el hombre o la mujer, que intente esto, está llegando a un límite, donde, no soporta la presión de si mismo, e intenta escapar de los sentimientos de culpa, que genera la duda de saber quien fue el que falló en una relación, y no en pocas ocasiones, lo que se logra, es dañar a un tercero, que quizá, no esté enterado, de que este proceso, casi destructivo, se está llevando a cabo.

En primera instancia, y para comenzar a desenmarañar nuestros sentimientos, hay que procesar esos sentimientos aún magullados y destilarlos en forma pausada, para que no surjan en los momentos más inesperados, para venir a arruinarlo todo frente a quien pretendemos conquistar en una nueva instancia.

Tal vez alguno de ustedes haya experimentado el llamar por un nombre equivocado a la persona en cuestión... Esto es un acto fallido, que el inconsciente, deja escapar, sin que nosotros podamos evitarlo, y esto está significando, ni más ni menos, que, algo, dentro de uno, no está definido del

28

todo y que, seguramente, acarreará problemas futuros, y en estas circunstancias, se caerá en la vulgar comparación de personas, entre las cuales uno, se encuentra, y ciertamente alguien saldrá lastimado.

En segunda medida, y para completar el ciclo, hay que definir, dentro de uno mismo, lo que yo llamo "Resaca", la resaca de una mala experiencia, o experiencia tempestuosa, es tan perjudicial, como el amor por conveniencia, cuando la tormenta ceda, esta persona, nos parecerá, tan extraña, como un desconocido del cual no sabemos por qué se encuentra en esta posición con nosotros.

La "Resaca" amorosa, son esos nudos de una relación que ha terminado y que no tuvo tiempo de limar asperezas, esto hará que, inconscientemente, rechacemos toda similitud entre personas, (Hablo de la persona que tuvo que ver con nosotros y la que ahora está jugando el papel de nueva pareja), inclusive, antes de que estas aparezcan, entonces nadie entenderá el motivo, de por qué de existen ni de donde han salido, ya que la persona que está en esta situación, ha olvidado, en su presente, los problemas que le han causado sus anteriores relaciones, colocando una pared delante de sus ojos y que cumple la función de apartar los problemas hasta que estos, simplemente, se diluyan por si solos.

Eso de que "El tiempo ayuda a olvidar" es mentira, cuando, en nuestro interior, queremos decir "El tiempo será mi testigo." Entonces, antes que esto suceda y que el tiempo nos sorprenda frente a una relación que no deseemos, destilemos nuestros recuerdos y desterremos la Resaca amorosa de nuestras vidas, al menos estaremos dejando nuestro propio camino libre de obstáculos, para enfrentar una nueva relación

XII.- La sorpresa de una nueva historia.

La nueva experiencia, lo que sorprende, lo que aún no se ha vivido; suele ser divertido, anhelante, mágico etéreo, subliminal, espontáneo, revelante, angustiante, vívido, ficticio, desesperante, sobrecogedor, alucinante, amargo, negligente, sucio, precioso...y tantos adjetivos más. Cuando el cuerpo y el corazón desean el amor que recién nace, lo vive de esta manera, lo experimenta como algo novedoso, y que uno, no puede identificar o dominar, pero cada vez que ocurre, se vuelve a sentir de la misma manera, y el estupor, vuelve sin más ni más.

La agonía de amar, de esperar, extrañar, anhelar, sufrir, reír convulsionadamente, sentir vergüenza, miedo y desesperación por lo que aún no se logró, y todas esas cosas que, irónicamente, causan placer y felicidad, que se acumula dentro de uno mismo, haciendo que sea canalizado por todos nuestros sentidos, que más despiertos que nunca, a veces, nos juegan malas pasadas, traicionando nuestro buen tino y libre albedrío.

Pero al no desesperarse, todo es mejor, porque estas cosas hay que sentirlas y experimentarlas cada vez, para que sintamos que el amor verdadero o real, ha tocado a nuestra puerta, y debemos recibirlo expectantes, de otra manera no podríamos lograr sentirnos tan desesperadamente llenos, y con tantas ganas de vaciarnos ante la persona elegida.

Imagino que no hay una sensación o un sentimiento, que reúna tantas sensaciones juntas, en un lugar tan pequeño como lo es el corazón, e inclusive, creo que es el único lugar del mundo, aceptando que nosotros formamos parte de él, donde se puedan acumular tantas cosas a la vez y salir ilesos, ante la vida que nos toca vivir.

Por eso el amor nuevo, debe ser limpio cada vez, debemos estar libres de culpas y malos recuerdos que empañen toda esta nueva experiencia y que es irrepetible. Aunque en varios amores se puedan volver a repetir, nosotros como individuos únicos, merecemos, de nosotros mismos, el permiso de tomarlos, como algo personal, que quedará grabado a fuego en nuestro fuero interior, permitiéndonos forjar nuestra personalidad frente a todos los aspectos de nuestra vida y que se harán reveladores, en posibles nuevas futuras experiencias.

Sepamos aceptarlo, y fiémosle la tarea a nuestro corazón, permitamos que sea él, el que mande en este sentido. La razón solucionará los problemas que surjan con el tiempo y tendrá la tarea de desactivarlos, porque si hay razón, generalmente, no habrá un amor espontáneo y revelador de nuevas sensaciones. Dediquémonos a sentir el amor y no a razonarlo, muchos lo han intentado, y no lo lograron, ni siquiera, definir el sentimiento, que simplemente debe ser disfrutado.

XIII.-Pasado el tiempo ¿En qué lugar estamos?

Uno de los temas, que tienen que ver con el amor
directamente, es el tiempo, ese resbaladizo estanque donde
nadie puede reflejarse, esa delgada capa insustancial que
cambia a las personas y que las convierte en seres
experimentados, y a la vez, antagónicos a la credibilidad,
cuando creen saberse sabios, tras haber vivido, o
sobrevivido, a sentimientos amorosos, o frívolos, de una
vida, que se ha merecido o no.

La cuestión aquí es verificar los resultados de lo
que se ha vivido, e inclusive de lo que se está viviendo, y
tomar conciencia, si, al menos, tenemos en nuestras manos
una buena cantidad de experiencia y que ésta, nos sirva
para lo que estamos viviendo.

Frente al tiempo, no somos dueños de nosotros mismos,
pues, este implacable ser etéreo, del cual, solo sabemos que
corre, no hace acepción de personas, es decir, que corre
para todos de igual manera; entonces ante esta verdad
irrefutable, debemos tomar conciencia de que, debemos
aprovecharlo al máximo, pero en el buen sentido de la
palabra "Aprovechar". ¿Cómo trasladamos esto al amor?
Simple, en este sentido, "Aprovechar el tiempo" no
significa aprovecharse de las situaciones para sacar
ventajas de los demás, más aún frente al amor.

Muchos creen que la promiscuidad y la infidelidad, son
sinónimos de ganar tiempo ante el tiempo, y despilfarran
sexo y pasión desmedida, ante quien tengan a mano.

Por ejemplo, Tanto el feminismo, como el machismo, que está fanatizado y alojado en un corazón, o lo que es peor, en una razón, suele desviar el sentido, con el cual se ha generado un sentimiento, entonces son los más desprevenidos los que sufren las consecuencias, pues una vez atrapados por estos razonamientos, les es muy difícil desligarse de un compromiso sentimental.

Esto lo digo pues, me consta, tomando información de quien se dicen ser machistas o feministas, que tanto la mujer como el varón, son: elementos a usar para propagar la especie, un mal necesario, artículos de uso doméstico, y apelativos de esa índole, degenerando los buenos propósitos, con los cuales fueron hechos estos términos humanísticos, y que, en un principio, solo fueron herramientas para hacer valer, la posibilidad, de conseguir una igualdad frente a un semejante de su misma especie, sin reparar, en que, ambos sexos son indispensables para todo lo que uno se pueda imaginar hacer, y hasta el día de hoy, nadie se pone de acuerdo en cuál de los monstruos creo al otro, porque si vamos al caso, si uno de ellos no existiera, el otro ¿Para qué?

Como podrán observar, todo esto lleva a pensar, primero, a considerar, de qué lado nos encontramos; segundo, que esto afecta la vida sentimental de muchísimas personas, ya que, podemos estar siendo víctimas voluntarias de alguno de estos monstruos. ¿Cómo es esto Dr. amor? Simple, el caso más común es el de "el o la amante", si, amante. Personas que se mantienen en un segundo plano amoroso consciente, ya sea, cuando es primera o segunda en un triángulo amoroso.

Como podrán observar, no soy partidario del adulterio, en ninguna de sus facetas, pero esto, es algo real en nuestros tiempos, y las víctimas, estén del lado en el cual se encuentren, suelen entregarlo todo en una relación que existe, pero que en realidad no es verdadera.

Muchos me odiarán por esto, pero pensemos que si accedemos a este tipo de relación, no estamos secundando a otro, sino que estamos siendo segundos, de alguien, que es más importante; vuelvo a decir, seamos la parte legal de la pareja o la ilegal, y que lleva las riendas de otro "alguien", que cree, que es libre de actuar como le plazca.

En verdad este "Alguien", ni siquiera, es libre de tomar una determinación en su corazón con respecto a lo que siente, y en muchos de los casos, ni siquiera le importa, porque se siente cómodo con esto, entonces, si realmente profesara un sentimiento de amor hacia cualquier otra persona, con quien debe ocultarse para demostrarlo, simplemente está dejando de lado, el protagonismo de la persona que pretende amar, sin que le interese un rábano, y el amor debe ser protagónico en todos los casos, ya que es una emoción libre, preciosa y pura, la miremos de donde la miremos.

De todas maneras, se dice, se conoce, que hay mucha gente que puede amar a dos personas a la vez, es muy difícil de manejar, alguien sufrirá en algún momento. No sé, pero la conciencia es algo que uno debe escudriñar a diario, para saber de qué lado se encuentra en este tipo de circunstancias.

Como dije, en realidad no lo sé, ya que este tipo de conductas reside en el tipo de vida que haya llevado el o los individuos, ya que arrastra formas de vida, maneras de crianza, consejos dados en la adolescencia, amistades, etc, etc, y, obviamente, no en todos los casos son sentimientos que se puedan juzgar, ya que la misma sociedad propaga este tipo de modelos, ya desde la idiosincrasia del ser humano, y esto también es una cuestión de entendimiento personal, yo lo considero porque, acceder a este tipo de relación pasa por no amarse a uno mismo y el cambio depende de cuánto nos amemos a nosotros mismos y como dije antes, el tiempo corre y es el único que nos permitirá llegar a tiempo o demasiado tarde, a la vida que necesitamos vivir como seres dignos de nosotros mismos, o la que hemos elegido vivir.

XIV.- El luto del amor."Luto pos mortem"

Una de las cosas, con las cuales me he encontrado a lo largo de mi vida, que no es tan extensa, han sido, las diferencias en las que la gente participa, cuando debe tratar un tema, en particular los temas que se denominan "Tabú"... Un ejemplo claro es el "Luto frente a la desaparición del ser amado"

Es admirable observar, como las personas, se entregan a un celibato perpetuo, negándose a participar de la felicidad, por el resto del tiempo que vaya a vivir sobre esta bendita tierra, por causa de esté "Luto pos mortem"

Es algo que estas personas, ni siquiera, quieren discutir, se rehúsan a abordar el tema, aferrándose a un recuerdo, para ellos vivo; a una casa, a un cuadro, que visitan con la mirada, cada vez que un pensamiento "Pecaminoso" asoma a su materia gris. Señores, voy a hacer una pregunta, con la cual me ganaré algunos enemigos más: ¿Creen, ustedes, que si, la persona que hubiera dejado esta existencia fuera usted, el sobreviviente, se comportaría de la misma manera que usted se comporta ahora? Muchos responderán -¡¡Mi esposo sí!!-, o de otra forma -¿¡Mi amada esposa!? ¡Por supuesto!- Yo también creo que en algunos casos fuera posible, pero la felicidad es gratuita, y no tiene un stand, donde haya que cumplir ciertos requisitos para lograr ganarla.

El tema, es que muchos, a través de esta situación, se están condenando a la misma suerte que el desaparecido, pero en vida. A ver si me explico.

Generalmente el dolor de la pérdida, es tan hondo, que muy interiormente, el que queda, se plantea si Dios, en su misericordia, no se haya equivocado al elegir a quien se debería haber llevado de esta existencia, y esto, aunque usted no lo crea, tortura la conciencia de la persona que quedó de este lado, haciendo que su conciencia le indique pagar, no solo las culpas de lo que pudo o no hacer mientras su pareja existía, sino la cuenta del sepelio; haciendo que, inconscientemente, rechace la felicidad, apenas la reconozca.

Muy a mi pesar, debo recurrir a la Biblia, no porque me cause pesar hacerlo, sino que para muchos son simples palabras o una buena historia de un pueblo desobediente, pero en este maravilloso libro hay un pasaje que dista mucho de lo que estas personas hacen cuando esto pasa. "Dejad que los muertos entierren a sus muertos".

Dicho esto, nos enteramos que, Dios quiere que sigamos con nuestra vida, en busca de la felicidad, no olvidar el hecho, ni al ser amado, si atesorar el sentimiento para reflexionar sobre él, y seguir adelante, es difícil, lo sé, pero el mundo no termina, y lo que es mejor, si nos ponemos frente a un espejo, muy cerca, y respiramos, notaremos que el espejo se empaña con nuestro aliento, eso nos da la pauta de que aún estamos vivos y por algo es, la casualidad no existe.

Se imaginan, que si hay un ser superior, y se cree en él; esa creencia o Fe, se basa en el amor, la convicción, de tener la certeza, de que, algo que no se ve, existe, entonces toda esa certidumbre, todo ese amor, no puede quedar relegado en nuestro pasado, por dudar, a último momento, de que si Dios se ha equivocado al tomar la decisión.
Entonces debemos dar por sentado que la felicidad, no es un sentimiento, sino la consecuencia de un sentimiento y esto confunde a las personas con mucha regularidad.

La felicidad es, ni más ni menos, que la consecuencia del sentimiento de amar y sentirse amado, por lo tanto, la infelicidad es, obviamente, todo lo contra- rio, es el resultado de la falta de amor en nuestras vi- das, por consiguiente, si uno amó a alguien en vida, no tiene por qué dejar de amar, y por supuesto no debe dejar, que la posibilidad de ser amado, desaparezca con el ser que tanto nos ha enseñado del tema, entonces esta experiencia, nos debe servir, para emplearla de aquí en más, con alguien, que seguramente estará dispuesto a aceptar el beneficio de ser amado por nosotros.

Pongamos la hipotética idea de que nuestro ser amado regrese y nos encuentre infelices, no podría permanecer a nuestro lado, por una falta de amor, que ya no se practica, a causa de su desaparición, y este, bien podría encontrar desdicha o una falta de agradecimiento, porque, como dije antes, la falta de amor, deriva, sin ir más lejos, en la desventura, y no creo que esto sea benéfico para nadie.

No quiero convencer a nadie de nada, pero pensemos, que la vida es amor, nosotros hemos venido al mundo por amor, todos nosotros llegamos a este mundo, gracias a que alguien buscó la felicidad en su propio tiempo, y como antes escribí, nuestros semejantes también tienen derecho a recibir de nuestro amor, hayamos sufrido una pérdida o no, porque, indiscutiblemente, la reacción de no querer amar a nadie más, repercuten en los seres que aún quedan a nuestro lado y que precisan de nuestro amor y afecto.

XV.- La fantasía de la pareja ideal.

Muchas veces, he escuchado especulaciones acerca de cómo deberían ser las personas, o como debería ser la pareja real, la que nos gustaría tener. Y ante mi han aparecido amantes, novios, esposas o concubinas ideales, que me han llevado a conocer muchas idealizaciones de individuos quiméricos, que, factiblemente no existan, por lo menos en la vida real.

Tal vez esté siendo un poco exagerado, y haya quien se le aproxime a uno de esos ideales, pero generalmente estos modelos están tan elaborados que escapan a la posibilidad de que podamos parecernos a alguno de ellos.

Con respecto a estos seres imaginarios, que tanto provecho nos han dado y hemos creado en nuestras mentes, en esos momentos de soledad: Éstos pueden relacionarse con fantasías de tipo sexual, afectiva, fetichista, o como quiera definirla el candidato que lo ha instituido en su imaginación, pero, lejos de distar con lo real, llega a tornarse, en determinado punto de la existencia afectiva del ser humano, como una seudo regresión, en donde uno va en busca de la persona idealizada, para satisfacer esa acumulación de falta de afecto.

Cuando esto se lleva a límites superlativos, está persona imaginaria, llega a confrontarse con las personas reales, y lo que sigue, puede transformar, una posible relación, en un éxito total o en un rotundo fracaso, y depende de lo dúctil que sea la persona que porta el sentimiento primario, para con la posible pareja, para que éste sea de provecho, es decir, que no devenga el fracaso sobre él.

No sé si estoy siendo claro en el tema, pero, cuando una persona conoce a otra, lamentablemente, el ideal creado, conspira contra ella, y obviamente, tratará de sobrevivir a los cambios, que por supuesto, estarán a la orden del día.

Esto es normal, pues, la nueva personalidad que arriba a nuestro corazón, tiene sus propias cualidades, e indiscutiblemente, tendrán que ser aceptadas en un principio por nosotros, aún yendo en contra de lo que hubiéramos querido. Allí es cuando comienzan las comparaciones del individuo, con lo que hemos estado soñando para nosotros, que, por supuesto, era perfecto.

¿A dónde quiere llegar Dr. Amor? Bien, reconozcamos, que muchas veces, dejamos ese ideal relegado al olvido, pero, cuando este surge, como por arte de magia, vemos peligrar el enamoramiento causado por esa cualidad especial de la persona elegida y que hasta ese momento no se había hecho presente, es decir que, en determinado momento, no supimos por que nos habíamos enamorado, uno suele decir "Tiene algo especial que no sé que es" y fue en ese instante, donde nuestra permisividad, dio paso al olvido del ideal, entonces, no se ha vuelto a mostrar, hasta que "Algo" nos hace preguntarnos si no estaremos equivocándonos con esta persona.

¡Qué ingratos somos con nosotros mismos en ese momento! Ustedes no imaginan las luchas campales que se desatan en nuestra mente en esos momentos tan cruciales, disputando por justificar o desplazar al ser elegido. No solo regresa a nuestra mente la imagen del ideal, sino que, le damos poder para hablar en su favor, esto es muy cómico, pues, dejamos que alguien que no existe, nos diga, que es lo mejor para nosotros.

En realidad desconozco el interruptor que activa nuestro cerebro y que ejecuta la orden para que actuemos así, muchas veces, tanto el descontento, como la algarabía, nos enmarca dentro de una película que venimos filmando interiormente, y en la cual, nunca imaginamos un epílogo, o que, al menos, tiene un final abierto; donde las circunstancias juegan un papel protagónico.

De esta manera nuestra imaginación, es la portadora del virus del egocentrismo, y salvo excepciones, no logra ser demasiado provechoso para el sentimiento que reproduce el amor en nuestro corazón, es más, lo limita tanto, que puede llegar a transformarse en "Represor" de nuestros propios recursos para aprender a convivir con alguien más, y de esta forma, conseguir en la otra persona, actitudes que se asemejen un poco más a lo que deseábamos para nosotros mismos. En realidad, deberíamos preguntarnos, si realmente vale la pena encontrar un ideal o "Al ideal" en alguien más.

Creo que parte del juego, es descubrir en ese alguien, lo maravilloso que este puede ser, e intentar darle la oportunidad de que consiga hacernos felices.

Todo el mundo espera ser feliz, haciendo feliz al otro, son las reglas del juego del amor. Si el otro es feliz, nosotros lo seremos también, porque, el saberse querido, uno, se predispone, para que emita la onda del amor, y de seguro alguien la sabrá recepciónar

XVI.- ¿Podemos sobrevivir a los celos?

Los celos... ¿Quién tiene el poder de sobrevivir a ellos?
Quizá hable, o los describa, a partir de lo que pienso a cerca
de estos, pero trataré de ser lo más objetivo que pueda con
este tema tan delicado y que tiene tantos adeptos,
conscientes y de los otros.

Partamos de la base, de que este sentimiento, no siempre
resulta fácil de sobrellevar, convengamos en esto al menos.
No hace mucho tiempo, me encontraba en una reunión
entre amigos, donde se discutió el tema en cuestión, hasta
llegar a un punto de ebullición por parte de los participantes
(Aclaro que aún somos amigos), se discutió el origen, las
consecuencias y los resultados de este sentimiento, y la
gran mayoría coincidía en que celar era una enfermedad,
debo confesar que por un momento me llegaron a
convencer, pues aducían datos, que, hacían a la persona que
abusaba de ellos, estar psicológicamente afectada.

 Para contrarrestar la moción, tratando de aliviar las
cosas, estaba de acuerdo en que los celos obsesivos
destruyen la pareja, es decir que arrasan con la delgada
trenza que hace a la armonía de la misma, pero que muchas
veces estos son producto de actitudes desinteresadas de
parte del perjudicado, y esta actitud, lleva
irremediablemente, a que el otro, encienda el interruptor del
"¿Por qué está actuando así?"

Para mi manera de pensar, hay varios estilos de celos, los
hay: enfermizos, avaros y egoístas, juguetones,
halagadores, buenos y malos, los que causan problemas de
identidad o esconden un complejo de inferioridad, y estos
últimos son los más peligrosos.

Decididamente, los que sufren de este último tipo de celos, no solo lastiman a sus semejantes, sino que arruinan su propia personalidad, dejando su tranquilidad relegada a pequeños momentos de disfrute, de una paz supuesta, y que está peligrando permanentemente, porque en definitiva, estos momentos, no pueden disfrutarse bajo ninguna condición, pues, en los momentos donde los celos no se sienten, quedan latentes allí, a flor de piel, pues la imaginación de los celosos es muy activa y bien desarrolladas, entonces para estos momentos, donde no hay motivos de celos, nace en estos cerebros una serie de preguntas y respuestas muy complejas, que buscan, por así expresarlo, el momento en que la persona observada, cometa el mínimo error, algún juego de palabras, algún gesto no habitual, para que sobrevenga el caos y los supuestos celos, lo sorprendan " In fraganti", para, de esa forma, justificar la guerra interna, entre los ce- los y la confianza que existe en el celoso.

Por otra parte, la persona que sufre de celos crónicos, porque este es un sentimiento que hace al sufrimiento, no descansa jamás, y por consiguiente no logra un minuto de solaz, pues, hasta en los momentos sexuales de una pareja, el celoso crónico, piensa si su compañero o compañera, no estará pensando en alguien más mientras hacen el amor.

Muy humildemente, pienso que estas personas deberían dejar de desperdiciar su tiempo pensando en tonterías y disfrutar más el momento. ¿Por qué esta observación Dr. Amor? Bien solo pensemos esto: "La traición solo afecta personal mente" es decir que, cuando alguien traiciona a algún otro, el damnificado es el que hace la traición y no el traicionado. Pero obviamente, siempre estoy hablando en el caso de que los celos fueran infundados, aclaremos esto.

El otro extremo, es el caso de las personas que realmente se han desprendido de este sentimiento, y vi- ven de acuerdo a lo que sienten en el momento, sin llegar a imaginar, siquiera, de que su pareja puede llegar a hacer algo fuera de lo que es correcto, bien, es potable, pero a veces, el desinterés total, también es perjudicial.

Nadie debería tener la impresión de que a su media naranja no le importa en lo más mínimo, lo que uno haga cuando no está con ella. Esto tampoco es saludable para una pareja, el desinterés, suele tener las mis- mas consecuencias fatales que los celos crónicos. Aun- que algunos piensen lo contrario, eso de que "¡Yo confío en mi pareja!" es desacertado, siempre es bueno hacerle saber a nuestras parejas, que estamos dispuestos a sentir celos si las circunstancias lo requieren, creo que hasta es saludable. Ser muy permisivos nos hace vulnerables, frente a las ocasiones que se puedan presentar.

Simplemente, dejar que nuestra pareja tenga el terreno libre de hacer y deshacer, sin que nos preocupe demasiado lo que ocurra, es poco sano, y definitivamente es algo que también merece una reconsideración de lo que sentimos por la persona amada, al menos, para estar seguros si estamos amando, o simplemente, no nos importa.

Los celos que son positivos, son aquellos que muchas veces, nuestra pareja espera, para saberse querida o pensada por nosotros, es hermoso percibir que nuestra pareja nos mezquina un poquito. Este tipo de celos, nos originan la sensación de seguridad y felicidad in- terna, que hace que nos aferremos mucho más aún a nuestra compañera o compañero, y de paso nos habilita, para hacernos de tiempo para unos mimos extra.

Por otra parte. los celos, van a seguir formando parte de nuestras relaciones y de nuestra vida, mientras estemos en pareja, mientras el amor ocupe un lugar en nuestro corazón, debemos aprender a moderar nuestros impulsos, frente a la hostilidad que provocan los celos, no olvidemos que solo las evidencias de una traición nos deja el campo libre para decidir si perdonamos o juzgamos, y aún así, deberíamos plantearnos, si no somos culpables de que nuestra pareja no se sienta llena con nosotros, o si simplemente somos egoístas aprisionando a alguien que ya no quiere estar a nuestro lado, entonces la próxima vez, hacer las cosas correctamente desde el principio y hacer saber a los demás que nos importan, tanto, como lo que sentimos por ellas.

De todas maneras hay muchas personas que, como es correcto, son fieles y son merecedoras de nuestra confianza. A ellos vaya mi felicitación.

XVII.- Cuando el amor parece imposible.

Los amores que nos parecen imposibles. ¿Quién no tuvo algún amor, que parecía imposible? Estas clases de amores, son, generalmente platónicos, y por consecuencia, perfectos, todos los amores imposibles o platónicos, parecen perfectos, pero claro, no lo son en realidad porque faltan a su realización y obviamente, lo que no se realiza, transforma muchas ansias en fracasos, pero solo en el sentido interno, la idea de que ese amor funcione, nos hace pensar que sería espectacular, si se da como en nuestra imaginación, pero bien, creo que ya me han entendido a que me refería.

Los amores de este tipo nos enseñan que, aunque absurdos, permiten a nuestro corazón, extendernos más allá de lo que podemos en realidad. ¿Cómo Dr. Amor? muy fácil, "Dime lo que deseas con todo el corazón y te diré lo que has de lograr con el tiempo"

¿Se han puesto a pensar que en realidad no hay amores imposibles? En el momento que lo sentimos, dejó de ser algo no que no existe, para convertirse en algo que se arraiga en nuestro corazón y por consiguiente algo que es verdadero. Desde ya que esto, puede que nos limite a la hora de pensar en la realidad de cada persona, o en nuestra propia realidad, y haga que desistamos de la idea de afrontar el desafío, pero.... dependerá, pura y exclusivamente, de cuanto lo deseemos.

De hecho, lo imposible, no significa irrealizable, en todos los órdenes de la vida. Si vamos al caso, somos nosotros los que limitamos nuestras ansias, porque vemos de frente: los límites, las distancias, diferencias sociales, económicas, ideológicas, étnicas, etc, etc.

Entonces pasamos de observar un límite para pasar a cargar con el fracaso.

Hay casos, en los que estos problemas, no tuvieron cabida, y lo que parecía erróneo, se convirtió en realidad. Creo, personalmente, que mientras haya decisión y convicción en nuestros propios recursos, nada es imposible. En su momento deberemos hacer cambios, hasta algún que otro sacrificio en pos de lo que parece insostenible, pero dicho sea de paso, "Lo que cuesta, vale" Esto nos es de gran ayuda en esos momentos y sabe a una inyección de optimismo.

Otras de las cosas que creo firmemente, es que, "En el amor, todo vale", si es que parte del corazón, y obviamente, siempre hablamos en el sentido correcto del amor. La libertad nos permite asirnos de cualquier pretexto para lograr nuestro objetivo, pero ¡Ojo!, cuando digo "Libertad" hablo de la libertad en todo sentido.

Cierta vez, cuando era un poco más joven, había posado mis ojos en una mujer de belleza realmente interesante, con unos amigos comentábamos de su hermosura, y la pregunta común era, si nos daría cabida, como para lograr que ella accediera a salir con alguno de nosotros.

Todos coincidimos en que no podría tenernos en cuenta por nuestras realidades, algunos pensaron que no tenían el suficiente dinero como para que ella se interesase, otros cavilaron a la hora de creer en su realidad social, otros meditaron que no eran suficientemente agraciados en cuanto a estética como para llamarle la atención y cosas por el estilo (No viene al caso en cual grupo me encontraba yo), todos especulábamos que teníamos algo que, pensábamos, ella tendría para argumentar y hacer que no tuviéramos oportunidad.

Para nuestro asombro, con el correr de los días, comprobamos que estaba saliendo "Como novia oficial" con un muchacho, que, a nuestro ver, era el más feo, el que menos dinero tenía, y el que menos posibilidades poseía de todos nosotros... Allí fuimos y lo asaltamos con preguntas para que nos explicara como lo había logrado, simplemente nos dijo que, como no tenía nada que perder, le habló y ella aceptó.

Más tarde, nos dijo que ella le había manifestado, que de acuerdo a su belleza, todo el mundo la veía como un imposible y nadie se le acercaba, creyendo que tenía pretensiones demasiado altas por su hermosura y en realidad no era así. Todos cometían el mismo error que nosotros, no solamente subestimaron a la muchacha, que no tenía la culpa de ser tan preciosa, sino que se desvalorizaron a si mismos a la hora de creerse postulante para el amor de semejante perfección.

No debemos pensar, en realidad, que no somos suficiente cosa para alguien. Hay algo que aprendí con el tiempo y es que "El no siempre está", si no intentamos realizar nuestros sueños, jamás nos enteraremos si hubiera sido posible. "Hay que ir en busca del sí", esta es la diferencia entre, quedarnos a ver qué ocurre o animarnos en probar lo que nos parece imposible, les aseguro que "Vale la pena

XVIII.- De lo que debemos

Reza el dicho hecho canto, de un cantante popular que:
"Las cuentas del alma no se acaban nunca de pagar"2
Si vamos al caso, quien más, quien menos, debe alguna
cuenta de este tipo, las equivocaciones, tienen un alto
precio y no se pagan con el tiempo, ni con dinero, ni
soluciones mágicas, estas, tienen intereses impagables, que
pesan en el alma durante toda la existencia.

Por más que uno haga, siempre deberá rendir cuentas ante
alguien, quizás sean hijos, padres, parientes o amigos. Las
fallas de nuestro corazón son evidentes cuando vemos en lo
que han derivado, y quizá surjan miedos que hacen que,
nuestra conciencia, no pueda descansar frente a las
situaciones que hacen del recuerdo, una realidad que ya no
existe pero que está, que viene a nuestro encuentro al
mínimo detalle que asemeje a nuestro error.

Escuché en varias oportunidades, lamentos que provenían
directamente del corazón, y son esos que un amigo puede
escuchar, pero en los que nadie, en realidad, puede ayudar
mientras recibe una mirada suplicante por parte del que se
está sincerando. No sé, en realidad, si podré dar alguna
solución para este tipo de situaciones. Lo que uno puede
lograr es un tímido acostumbramiento a la carga emocional,
que solo ayuda a vivir con la pena de una equivocación y
de esa manera, poder esperar al momento donde deberemos
dar una explicación o justificación.

---

2 Rubén Blades, en su canción "Las cuentas del alma" del
Álbum Escenas
1986

Hay veces que se tiene mucho tiempo de elaborar una, pero la mayoría de las veces no es suficiente, ni el tiempo, ni la justificación. Uno puede intentar no relegarse a la agonía, no ensimismarse, ni martirizarse, como si uno fuera un condenado a morir. Si uno se pone a pensar, lo más grave ya ha pasado, solo las consecuencias pueden hacer revivir el momento, pero solo lo hace revivir y nada más, hay que armarse de valor para enfrentar con humildad que uno ha fallado y sostenerse cuando reciba, si es que la hay, la reprimenda.

Uno debe entender que es humano y por consiguiente tiene errores, el humano es débil, y aunque muy pocas veces cuenta con la generosa paciencia, solo nos resta esperar reconocer el error para no cometerlo nuevamente, y mucho menos si uno, con el tiempo, recibe el perdón.

Nadie está a salvo de esto, miremos adelante, ya tendremos tiempo de hablar del tema, del problema en cuestión, o de cualquier cosa que uno ha hecho y que haya perjudicado a alguien. Lo que ocurre más a menudo es que, uno, no se percata de las cosas, y cuando estas sucedieron, ya es demasiado tarde y nos sorprenden los resultados.

Porque en realidad, en su momento, quizá, hayamos pensado que estábamos haciendo lo correcto, pero he ahí la imperfección del humano. Venimos a este mundo para aprender de la vida que nos toca, tal cual nos ha tocado, sin más ni más, y depende de quién tengamos aún a nuestro lado para elaborar nuestra personalidad y por supuesto ponerla en práctica para vivir, y eso conlleva en si mismo errores que, muchas veces, no están previstos. Si podemos aceptar esto, tendremos la mitad del terreno ganado, lo demás es cuestión de vivir.

XIX.- Los prejuicios en el amor.

¿Estamos preparados para cualquier tipo de amor? O mejor dicho ¿Tenemos prejuicios para afrontar al amor?

En algún momento, todos, justificamos nuestra discriminatoria forma de pensar, y me animo a decir que las mujeres, en este sentido, han sido más activas, desde el mismo momento donde fueron invitadas a una simple salida, para tomar algo, hasta el momento donde, en una discoteca, miraron de arriba abajo al presunto pretendiente de baile, para defenestrarlo diciéndole un rotundo "No" porque estaba con zapatillas de marca distinta a las que se estaban usando en ese momento.

Pero bueno, no es condenable ni reprochable, porque cuando paso esto, seguro, la adolescencia, estaba apropiándose de un corazón que pugnaba por encontrar una identidad, pero a lo que me refiero es a algo un poco más profundo, quiero ir un poco más allá.

Uno puede especular con saber cómo debe ser la pareja que vamos a encontrar, o que nos va a encontrar, y pensamos que tenemos claro como deberemos actuar, en caso de que no sea lo que buscamos, entonces nos olvidamos todo, al momento que este se presenta. En la adolescencia tenemos claro que es lo que no que- remos, luego esto se va acomodando a nuestros límites, y cuando llegamos a una cierta edad, las pretensiones comienzan a ampliar las posibilidades, y podemos llegar a encontrarnos con algunos riesgos que no estaban en nuestra cabeza cuando, adolescentes, reíamos viendo a alguien que era distinto a nosotros.

Pero "he aquí" el lunar del asunto. Hablo de las parejas no convencionales...y este es un tema muy delicado, por supuesto no quiero herir susceptibilidades, y menos hacerme de más enemigos, en esto de ponerme a pensar en algo tan variable y discutible como el amor, a veces me hago la idea que es muy similar al fútbol o la religión, en el amor, con respecto a cómo debe ser, nunca nadie logra ponerse de acuerdo, hasta encontrar a la persona indicada dentro de esta cantidad enorme de parcialidades existentes, pero prometí intentarlo cuando pensé que era posible, así que pido disculpas anticipadas si me equivoco y, por supuesto, acepto cualquier crítica, constructiva y de las otras...

Entonces... Cada uno es dueño de amar como y a quien quiera, de la forma que le plazca, hasta ahora pienso que ser un humano no convencional, gay u Homosexual, es una forma de vida por elección propia, de donde nace una manera especial de amar. Cuando aparece el amor en la vida de alguien, lo hace de la misma manera y forma, que en la de cualquier corazón, pero creo, muy íntimamente, que las formas no convencionales de amor, principalmente las homosexuales, son formas un tanto egoístas de amar.

¿Por qué dice esto Dr. Amor? Simple, este tipo de uniones o amores, no permiten procrear, aunque se alimenten sentimientos y ganas de hacerlo, es definitivamente imposible que ese amor dé frutos y solo existirán momentos, lugares, recuerdos de gratas horas, pero nada sustancialmente palpable, creo fervientemente que, tanto el hombre como la mujer, son seres amantes, capaces de hacer felices a otras personas, y esto es verdaderamente importante, pero en este mundo, no solo hemos venido a pasarla bien, tenemos una función específica frente a la naturaleza, y somos responsables directos por ello.

Las tendencias homosexuales son, pura y exclusivamente, sentimientos de satisfacción propia, individual, aunque muchos piensen lo contrario, fíjense sino los resultados.

Estas personas, en su total y verdadero derecho, hacen parejas duraderas o no, pero se deben a si mismos y ya, no hay mucho más en el futuros de ambos, su felicidad, solo se limita a hacerse sentir bien en forma mutua, sino echen un vistazo a su alrededor, todo gira entorno a un narcisismo o a un Edipo encubierto. De todas formas no estoy juzgando a nadie, de verdad, creo en la libertad del amor y me parece justo el hecho de poder elegir, entre, vivir en compañía o sobrevivir en soledad, cuando un amor de esta naturaleza llega a nuestra vida.

Escuché a varias personas manifestar su felicidad, pero creo que, no todos, están preparados para enfrentar una situación, donde se deba justificar, que el amor, deba ser de una sola manera y solo se conciba una única forma de convivir, deberíamos abrirnos un poco más; creo que la naturaleza de los hombres, hablo como raza, son todas extrañas y solo de a pares se puede lograr, que esta, se humanice un poco más, dejando que los sentimientos, simplemente, se liberen. Además las parejas no convencionales, están arraigadas en la sociedad, y les costó mucho poder pertenecer, y lamentablemente pasarán muchas cosas más para poder lograr, siquiera, que los dejen vivir en paz.

Dr. Amor ¿Por qué dicen que la homosexualidad es una enfermedad? No estoy de acuerdo con esta afirmación, es más, cuando uno conoce lo que es normal o anormal, aún siendo personas de edad, seguimos sorprendiéndonos con todo lo normal o todo lo anormal que es nuestra forma de vida.

Puede que haya algún perfil psicológico que no deja definir el rumbo de la sexualidad en la adolescencia, pero esto está muy discutido ya, uno siente atracción por determinado sexo y se excita con determinadas fantasías.

¿Podemos pensar que tenemos una homosexualidad reprimida, si en una de nuestras fantasías, existe una persona del mismo sexo? No creo que sea así, sé positivamente que todos tenemos una parte de nosotros que responde a estímulos encontrados, eso depende mucho de la vida que ha tenido de niño y está ligado directamente a los padres de cada uno, pero estamos entrando en un campo donde aún hay mucha tela que cortar.

Creo que no se han establecido leyes o límites para el amor que le den reglas pre establecidas de donde podamos asirnos para poder juzgar a alguien, además cada uno posee el derecho de sentir y manifestar como le plazca lo que dicte su corazón, además, esto, solo nace, y uno, a partir de que lo empieza a sentir en la pubertad, no puede evitarlo, solo llega y ahí lo tenemos, listo para experimentar.

Como dije antes, cuando algo no nos gusta o no va con nuestra forma de vivir, hagamos como cuando vamos al mercado y nos enseñan un producto que no es de nuestra apetencia, aunque sepamos que está a la venta, tenemos la opción de tomarlo o no, depende de nosotros que trascendencia que le demos al asunto.

Vivamos y dejemos que los demás hagan lo propio, creo que más allá de todo, muy poca gente se preocupa por lo que pasa, una vez, que se cierra la puerta de nuestro dormitorio.

XX.- El vandalismo amoroso.

Estaba pensando en el vandalismo amoroso, me encontraba
escuchando un poco de música (Mi vida está rodeada de
música) y escuché la frase "Que bandolera que eres tu...Ella
se esconde tras la esquina de su sonrisa" y algunas otras
frases, que me hicieron pensar en otra parte del sentir amor,
y seguir adelante con los temas que hacen a este
sentimiento, en busca de las cosas que rodean a esta
conmoción sentimental.

¿De qué habla Dr. Amor? De la gente que se esconde tras
una sonrisa para lograr cosas de otra persona, y aparentan
no tener nada que ver con las decisiones que esta toma y
que, por supuesto, son guiadas de forma sutil por ella
misma. ¿Me explico?

¿Pero esta acción no es dañina? No, esta acción no causa
daño alguno, es más, creo que hasta es beneficioso, si lo
miramos desde el punto de vista de la felicidad
momentánea. Generalmente son cosas pequeñas a las que
me refiero, que construyen la armonía de la pareja y que
hace que se logren pasar cosas por alto, que de otra forma,
podrían afectar la relación a largo plazo.

¿Cómo Dr. Amor? Simple, las actitudes que se forman en
torno a la personalidad individual de cada quien, son las
que nos hacen distintos, especiales, y lo que genera la
atracción entre diferentes individuos, para, no solo formar
pareja, sino, para crear cualquier tipo de uniones de común
acuerdo.

No siempre somos equitativos a la hora de generar ideas,
que harán que la relación siga adelante, es más, salvo

excepciones, muy íntimamente, buscamos nuestro propio bienestar, en el buen sentido de la palabra, por supuesto. Por ejemplo, cuando alguien nos gusta, el llegar a esa persona, es, sin ir más lejos, una gratificación personal en si misma, el amor, en si mismo es una gratificación personal, si vamos al caso, hacer sentir bien a otra persona con nuestros cuidados, es una manifestación del deseo personal y por consecuencia una gratificación personal aunque en principio parezca en función de la otra persona. ¿Por qué? ahí está el límite de lo que es un sentimiento recíproco, si lo hacemos de esta manera, vamos a recibir una correspondencia a lo que hacemos, lo que se dice "Causa y efecto" y la relación del amor es, desde el principio hasta el final, una asistencia a uno mismo, nos sentimos bien, hacemos sentir bien a alguien más.

Quien más, quien menos, usó el vandalismo amoroso en algún momento, para provocar los acontecimientos para que salgan a pedir de boca, quizá aún no se hayan percatado de ello, vamos a buscar un ejemplo que esclarezca la situación que pretendo plantear.

¿Nos hemos encontrado, a veces, preguntándonos "Cómo puede ser que esté yendo a este lugar si yo, realmente, deseaba ir a otro? O algo más directo ¿Por qué estoy en la cama, cuando realmente quería ir a dar un paseo? Si hilamos fino, no nos está haciendo daño, pero accedimos a algo que no queríamos y, muy en nuestro interior, lo estamos disfrutando de alguna manera.

Me divierte la habilidad de algunas personas, para que hagamos lo que ellas quieran, sin que podamos hacer nada al respecto, para que accedamos a algo contrario a nuestros deseos, y así y todo, sentirnos bien.

Es como el dicho "Una de cal y otra de arena", estas personas tienen la habilidad de hacer que hagamos lo que quieran y de hacernos felices a la vez, aún sin que podamos hacer lo que queramos. ¿No es esto un hermoso vandalismo amoroso en cubierto?

De todas formas, en algún momento, hacemos lo nuestro también y notamos que, sorpresivamente, accede en forma condescendiente a lo que en teoría a ellas no les gustaba por nosotros, pero logramos sospechar, que en algún momento, tendremos que ceder ante una situación similar de parte de ella, y pónganse la mano en el corazón, ¡Esto es divertido!, tratar de encubrir la situación y revelar lo tanto que tratará de hacernos sentir a gusto, y muy íntimamente, saber que la otra persona, nos ama lo suficiente, como para "Hacer y ceder" en las cosas donde, realmente, somos diferentes.

Luego cuando los resultados son positivos, nos encontramos comprobando, que, amamos y somos amados de la misma manera, porque somos tan valientes y tan humildes a la vez, como para permitir, a la otra persona, que nos deje ser y, por supuesto, dejar ser, sin invadir su verdadera esencia.

Y tanto ella, como nosotros mismos, lo sabemos, y esto nos hace felices, pero por sobre todas las cosas ¡Cómplices de nuestra pareja! Y esto es muy bueno para la pareja, es decir para cualquier tipo de unión sentimental.

XXI.- Palabras finales.

Sigo, en verdad pensando, que la existencia del amor, fue creada para humanizar al hombre. Si nos remitimos a la historia, las grandes cruzadas, los grandes momentos de la humanidad, los entuertos que han tenido que soportar los hombres y mujeres, a través de la historia misma, y que fueron plasmados en nuestras memorias, los hallazgos, las muertes, la misma creación, fueron, sin ir más lejos, cambios, que se produjeron por amor a algo o a alguien.

Nos toca pensar ahora, que todo, pero, absolutamente todo, gira en torno a este sentimiento que hace que el mundo gire, por supuesto, en medida y forma de cada individuo en particular.

Este, es un sentimiento tan único y tan irremplazable, que casi, podría decir, es imprescindible para la misma existencia del ser humano, es lo que hace girar al mundo sin duda, lo que permite a cada ser, abrir los ojos cada mañana, para enfrentar un nuevo día, y el que nos tranquiliza, antes de cerrarlos, por la noche, al irnos a dormir, dándonos la certeza, de que después de un buen descanso, se renovará con más fuerza.

Aclaro que hay mucho por decir aún, creo que cada persona, podría, si se lo propusiera, desarrollar el tema del amor en forma totalmente distinta a la mía y sería tan interesante como cualquier tema que refiera a este sentimiento tan abierto.

Las experiencias han permitido acumular vivencias en cada persona, como para escribir tomos, bibliotecas enteras, respecto al amor, y por eso no me siento erudito en la materia, pero creo, que si todos, no pondríamos a meditar sobre los yerros y aciertos que hemos experimentado, podríamos ser mucho mejores de lo que, a veces, nos sentimos o somos.

El Doctor Amor, nació como un juego en un espacio radial, y eso me llamó a reflexión, a causa de las tantas cartas que llegaban a la dirección de correo electrónico, dicho sea de paso, esta casilla, aún está en vigencia y aún pueden hacer algo por ustedes si lo desean, si se sienten con ganas de reflexionar sobre el tema y escribirme con sus inquietudes, esta es: sergiochez@yahoo.com.ar

Hay gente que necesita de un Dr. Amor virtual, de un posible cirujano a corazón abierto. Más allá de que solo era un personaje que pretendía entretener a una audiencia, que nunca me atrevería a contabilizar, dejó de ser, para existir en mi corazón de escritor, y así intentar, salvando las distancias, ser el Dr. Amor, especialista en cirugías del alma, y así llegar a ese laberinto de sensaciones, que permite que las personas muevan sus sentimientos, dentro de si mismos; cambios que, de no realizarse, nos dejarían, frente a la vida, como simples entes que solo viven por que naturalmente aprendieron a respirar.

Más que nada, hubiera querido conocer a cada uno de los que, en busca de tranquilidad, se allegaron al Dr. Amor en la radio, ya que, pienso, detrás de esa careta de "Seudo humor" que profesaban, había un problema de fondo, que gritaba clamando por ayuda, mientras la risa intentaba disfrazar un verdadero problema.

El Dr. Amor existe, es un integrante más en el espacio que existe entre el amor y el odio, si se me permite la expresión, y, seguramente, aún hoy podemos encontrarlo, su sitio está en nuestro propio corazón.

Él, es el Dr. Amor, sin duda, si seguimos sus consejos, las cosas comenzarán a tener un poco más de color a tranquilidad, ya que nos ayudará a actuar de la forma en que realmente somos, de la manera más pura y sincera, como realmente vinimos a ser, y de esta manera, aprenderemos a convivir con nosotros mismos y a querernos como realmente somos, de esta forma tampoco tendremos lugar para nada negativo en nuestro interior y ganaremos lo más importante: Autoestima.

Ahora, para despedirme, les receto esta última receta del Dr. Amor:¿Hay algo latiendo en nuestro pecho?... Intente sentirlo... ¿Qué nos intenta decir...? Hasta la próxima.

Sergio D. Sánchez

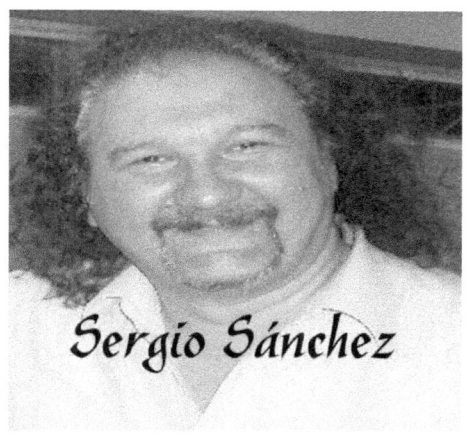

Sergio Sánchez es un autor Bonaerense, radicado en La ciudad de La Plata, y nacido en la década del 60' autor de obras como "El Congo Blanco", "Yo samurái",, "Cuentos para soñar sin dormir", "Aforismos", "Poemas, siempre poemas", entre otros. Actor, comediante, músico, productor y de una amplia gama de trabajos, dentro de lo artístico.

Luego de varios años de incurrir en el oficio de locutor, por algunas emisoras radiales, trabajó sobre un ensayo referente al amor, (Aclaramos que El Doctor Amor, es uno de los tantos personajes de su autoría, como lo aclara en el texto de este ejemplar), y debido a la gran audiencia que le escuchaba transformó las inquietudes y experiencias de estos, en este texto, como punta de un ovillo que , seguramente nos será de gran utilidad, como para encontrarnos con este sentimiento y saber canalizarlo cuando nos afecte demasiado.

"Del Doctor Amor", se transforma en una lectura reveladora de nuestros propios sentimientos

Índice

www.ingramcontent.com/pod-product-compliance
Lightning Source LLC
Chambersburg PA
CBHW071625170526
45166CB00003B/1202